Jules Barni

Fragments inédits sur Condorcet

travaux

ISBN : 978-1523422609

10 9 8 7 6 5 4 3 2 1

Jules Barni

Fragments inédits sur Condorcet

travaux

Table de Matières

AVANT-PROPOS

Parmi les hommes qui, venus de l'étranger, ont le plus honoré par leur concours la vie intellectuelle de notre vieille Académie et celle de Genève en général, il convient sans doute de citer Jules-Romain Barni, le traducteur et commentateur de Kant et de Fichte, l'auteur d'un grand nombre d'ouvrages historiques, philosophiques et politiques.[1]

On sait que plusieurs des plus importants volumes de Barni ont pour origine des conférences qu'il donnait à la salle du Grand Conseil de Genève et qu'il réunit ensuite, après les avoir revues et mises au point. Tels sont entre autres ses *Martyrs de la libre pensée* (1862), son *Histoire des idées morales et politiques en France au XVIIIme siècle* (1865-1867) et la suite *Les moralistes français au XVIIIme siècle*[2] (1873). Cet ouvrage devait être continué par un autre livre que la mort l'empêcha de publier et qui, dans la pensée de l'auteur, était consacré « aux écrivains hommes d'État promoteurs ou coopérateurs de la Révolution française, à Turgot, Malesherbes, Necker, Mirabeau et Condorcet » dont il avait parlé aux cours publiques de l'année 1869.

L'étude sur Mirabeau a été publiée par M. Auguste Dide, l'exécuteur testamentaire de Barni, en 1882. Les pages sur Malesherbes et sur Necker semblent être perdues. Nous possédons, au moins en partie, celles sur Turgot et sur Condorcet, et ce sont ces dernières que nous allons faire connaître.

Nous avons scrupuleusement reproduit le texte, souvent fort difficile à déchiffrer, de Barni. Tout au plus nous sommes-nous permis d'enlever une phrase qui faisait double emploi et que l'auteur avait, évidemment, oublié de rayer sur son manuscrit. De plus nous avons condensé quelques-unes des citations soit de Condorcet luimême, soit de sa biographie par Arago.

Le manuscrit de Barni, tel que nous le possédons, se compose de 19 feuilles, de 20x25 ½ centimètres, écrites au verso seulement.

1 Voir la bibliographie de l'œuvre de Barni dans KARMIN, *Jules Barni und seine Verdienste um die Ausbreitung der deutschen Philosophie in Frankreich.*Sonderabdruck aus den Verhandlungen des III. internationalen Kongresses fur Philosophie, Heidelberg 1908.
2 Cf. *Les Moralistes français au XVIIIme siècle*, p. V.

À l'exception de la première page, écrite du bord gauche au bord droit, les autres pages sont divisées au milieu et le texte primitif n'en comprend que le côté gauche ; mais des corrections, des additions, des surcharges, occupent parfois l'autre côté en entier.

O. K.

PREMIÈRE LEÇON

Condorcet fut, suivant une parole de Michelet, « le dernier des philosophes du grand XVIIIme siècle, celui qui survivait à tous pour voir leurs théories lancées dans le chemin des réalités ». C'est aussi celui des publicistes à la fois précurseurs et coopérateurs de la Révolution qui poussera le plus loin les conséquences pratiques de ses théories.

Mirabeau s'était arrête à l'idée de la monarchie constitutionnelle, dont, comme il le disait, il emporta le deuil en mourant. Condorcet représente l'idée républicaine dans toute sa pureté ; il devient l'un des législateurs de la république ; et s'il meurt victime de la tempête révolutionnaire, il en meurt pas moins plein de foi en son idée qui est celle du progrès de l'humanité, et son dernier écrit est comme le testament philosophique de toute cette partie du XVIIIme siècle.

Mais avant de montrer, dans Condorcet, le coopérateur de la Révolution, il faut l'étudier avant la Révolution. Le premier Condorcet expliquera le second.

Le commencement de la biographie est perdu. Notre manuscrit commence à la page 5 avec les mots suivants :

« L'homme qui agit ainsi, remarque justement Arago, court le risque de troubler sa vie, mais il honore les sciences et les lettres. »

Revenons aux travaux qui ont plus directement trait aux questions d'intérêt social. J'ai déjà parlé plus haut des *Règlements sur la jurisprudence criminelle*, qui datent de 1775. À cette même année, où Turgot était au ministère, se rapportent divers autres écrits touchant l'économie sociale et qui avaient pour but de venir en aide au contrôleur général dans les grandes réformes qu'il accomplissait ou préparait : ainsi des *Réflexions sur les corvées*, que Turgot avait entrepris d'abolir dans tout le royaume, comme il les avait déjà abolies dans sa généralité de Limoges. Il constatait les cris de bénédiction du peuple pour ce « ministre bienfaisant qui le délivrait du double fléau des corvées et des exacteurs de corvées » ; mais comme le bienfait de la destruction des corvées ne manquait de censeurs dans la capitale, il leur répondait en défendant contre leurs égoïstes sophismes les intérêts et les droits de ce peuple qui, disait-il, « ne demande au gouvernement que de lui permettre de travailler et de manger en paix le pain acheté par ses sueurs ». C'est de cette même année que date la *Lettre d'un laboureur de Picardie, à M. N**** écrit piquant et fort, qu'il opposait à l'espèce de socialisme qu'on a vanté dans Necker. En ayant parlé plus haut, je rapporterai seulement le jugement de Voltaire sur cet écrit « Ah ! la bonne chose, la raisonnable chose et même la jolie chose que la *Lettre* au prohibitif. Cela doit ramener tous les esprits, pour peu qu'il y ait encore à Paris du bon sens et du bon goût ».

C'est encore en réponse aux théories de Necker que furent rédigés, à la même date, l'écrit intitulé *Monopoles et monopoleurs*, et des *Réflexions sur le commerce des blés*, qui étaient un véritable traité sur la matière. La publication de cet ouvrage, qui, à une discussion très sérieuse, mêlait quelques épigrammes contre Necker et son (*mot illisible*), souleva contre l'auteur les nombreux clients de cet écrivain, lui fit d'implacables ennemis, et agita vivement et longtemps jusqu'à l'Académie des sciences et l'Académie française. Condorcet publia ce livre l'année même où, abandonné par Louis XVI, Turgot tombait. (Mai 1776). La disgrâce du ministre causa à Condorcet le plus vif des chagrins. « Je ne vous ai point écrit, mon cher Monsieur, écrivit-il à Voltaire quelque temps après, depuis l'événement fatal qui a ôté à tous les honnêtes gens l'espérance et le courage. J'ai attendu que ma colère fut un peu passée et qu'il ne me restât plus que de l'affliction. Cet événement a changé pour moi toute la nature. Je n'ai plus le même plaisir à regarder ces belles campagnes où il eut fait naître le bonheur. Le spectacle de la gaîté du peuple me serre le cœur : ils dansent comme s'ils n'avaient rien perdu. »

Condorcet avait accepté de Turgot un modeste emploi d'inspecteur des monnaies, le priant, « quoique peu riche », de ne rien faire de plus pour lui pour ce moment, et refusant — ainsi que d'Alembert et Charles Bossut[1] — les appointements que le contrôleur général lui avait offerts pour une autre fonction publique relative aux questions de navigation intérieure au sujet desquelles ce ministre avait aussi conçu un vaste plan. Lorsque Necker prit la place de Turgot, Condorcet s'empressa d'envoyer à M. de Maurepas sa démission d'inspecteur des monnaies, en la motivant dans les termes suivants : « Je me suis prononcé trop hautement sur les ouvrages de M. Necker et sur sa personne pour que je puisse garder une place qui dépend de lui. Je serais fâché d'être dépouillé et encore plus d'être épargné par un homme dont j'aurais dis ce que ma conscience m'a forcé de dire. Permettez donc que ce soit entre vos mains que je remette ma démission. »

Condorcet ne s'était pas seulement donné la tâche de lutter contre les erreurs et les préjugés accrédités sur le terrain économique, il les poursuivait aussi sur le terrain théologique : il était l'implacable ennemi du fanatisme. En 1774, il avait publié, à l'adresse d'un certain abbé Sabattier, auteur d'un *Dictionnaire des trois siècles* — qui n'était qu'une longue diatribe contre la philosophie et les philosophes — un écrit intitulé : *Lettres à M. l'abbé Sabattier de Castres par un théologien de ses amis*, qui parut si piquant qu'il fut généralement attribué au *patriarche de Ferney*, mais qui était si audacieux que celui-ci, tout en le louant, crut devoir décliner cette paternité dangereuse. Condorcet, que Voltaire ne savait pas être l'auteur de cet écrit, dût être bien flatté du jugement que Voltaire lui exprimait à lui-même (20 août 1774), d'autant plus qu'il ne pouvait soupçonner Voltaire de vouloir le flatter. « Il y dans la *Lettre d'un théologien*, lui écrivit Voltaire, des plaisanteries, des morceaux d'éloquence digne de Pascal ». Éloge exagéré peut-être, quoiqu'il y eut réellement une piquante ironie et une véhémente éloquence, mais qui prouve au moins que, si Voltaire en déclinait la paternité, ce n'était pas que son amour-propre souffrit de ce qu'on le lui attribuait.

Manque les pages 7 et 8 du MS.

---

1 Mathématicien célèbre, 1730-1814. Auteur d'un *Essai sur l'histoire générale des mathématiques*, de *Recherches sur la construction la plus avantageuse des digues*, d'un *Discours sur la vie et les œuvres de Pascal* et éditeur de ces dernières.

O. K.

PREMIÈRE LEÇON

À l'époque où nous ont conduit les travaux que nous venons de passer en revue, Condorcet, déjà secrétaire perpétuel de l'Académie des Sciences, fut admis à l'Académie française (1782). Je note cette circonstance parce qu'elle n'avait pas seulement la valeur d'un titre honorifique, décerné à un homme de lettres, mais qu'elle était une victoire pour la philosophie et qu'elle donnait à Condorcet une position analogue à celle qu'occupait déjà d'Alembert. Dès 1771, Voltaire écrivait à Condorcet : « Il faut que vous nous fassiez l'honneur d'être de l'Académie française : nous avons besoin d'hommes qui pensent comme vous ». Il lui avait, à plusieurs reprises, exprimé le même désir, mais il mourut sans avoir la satisfaction de voir ce désir réalisé. Ce fut seulement quatre ans après sa mort que Condorcet fut élu membre de l'Académie, après une très ardente bataille où malheureusement Buffon n'était pas de son côté. D'Alembert qui avait pris une grande part à cette bataille académique, se réjouissait du résultat comme d'une victoire dont il était fier. « Je suis plus content, s'écriait-il à l'issue du scrutin, d'avoir gagné cette victoire que je ne le serais d'avoir trouvé la quadrature du cercle ».

Malheureusement il ne survécut pas longtemps à ce triomphe : Condorcet eut un an après (29 octobre 1783) la douleur de le voir mourir. D'Alembert comptait tellement sur la bonté de cœur de son ami que, comme un ancien, Eudamidas, léguant à ses amis le soin de nourrir sa mère et de marier sa fille, il lègue à Condorcet celui de pourvoir aux besoins de deux domestiques auxquels le grand géomètre, mourant sans fortune, ne pouvait rien. Condorcet remplit, avec un scrupule religieux, cette mission jusqu'à la fin de sa vie. « Vous le savez, remarque à ce propos Arago, c'est à l'école philosophique du XVIIIme siècle que nous devons l'expression si heureuse de *bienfaisance*. Peut-être consentira-t-on maintenant à reconnaître qu'en enrichissant la langue, cette école n'entendait pas créer seulement un vain mot ».

Pour en revenir au membre de l'Académie française, Condorcet prononça (le 21 février 1782) un discours de réception qui n'était point un éloge banal de son prédécesseur (Saurin), mais un rapide tableau des progrès de la raison dans l'ordre des sciences et dans celui de la philosophie morale et politique, préludant ainsi en quelque sorte au grand ouvrage qui devait être comme son testament philosophique. C'est encore la même thèse qu'il développe la même année dans un discours lu à l'Académie française (le 6 juin 1782) devant le comte du Nord, (depuis Paul I). Ainsi les philosophes s'efforçaient — *et nunc erudimini* — à instruire les rois. Peine perdue, sans doute, au moins en bonne partie, mais qui n'en témoignait pas moins de la générosité de leurs efforts.

La fin de cette première leçon est perdue.

DEUXIÈME LEÇON

La détresse des finances et le cri public avaient forcé le gouvernement à convoquer les États généraux pour le mois de mai 1789. Pendant les neuf mois qui en précédèrent la réunion, il se fit dans tout le pays un immense travail en vue de préparer, non seulement les élections, mais le programme qui, en exprimant les vœux de la nation, devait servir de mandat aux députés et déterminer d'avance le caractère et le but de la future assemblée. Condorcet, le précurseur que nous connaissons, ne pouvait manquer de prendre une très grande part à ce travail : il y consacra un grand nombre d'écrits ; et nulle part n'ont été exprimés avec plus de netteté les principes qui allaient passer de la théorie dans les institutions, mais qui étaient dans le fond — je ne dis pas dans la forme — d'une nature trop républicaine pour pouvoir se concilier sérieusement avec l'institution monarchique. surtout avec le monarque préexistant auquel on avait affaire. Aussi retrouve-t-on dans le Condorcet de 1789, comme dans la Constituante dont il a tracé l'œuvre d'avance, le manque de logique que j'ai déjà eu occasion de relever dans celle-ci, mais ce défaut de logique (très réel au point de vue monarchique) décèle, dans l'un comme dans l'autre, des tendances secrètes qui conduisaient dès lors à la république, à laquelle personne ne songeait en ce moment, et, sous ce rapport, il est vrai de dire que nul publiciste n'en a été davantage le précurseur avant d'en être le coopérateur. C'est pourquoi aussi, quand la république prit enfin la place de la monarchie écroulée, aucun des législateurs qui prirent part à ce changement, et travaillèrent à constituer le régime républicain, aucun, plus que Condorcet, ne dût se trouver réellement conséquent avec tous ses principes antérieurs et mieux en harmonie avec lui-même.

Mais n'anticipons pas sur la suite des tableaux que nous avons à dérouler et voyons d'abord quelles idées professait Condorcet en 1789.

Manque la page 2 de la deuxième leçon.

Mais Condorcet ne se borne à demander que l'on fonde le nouvel édifice qu'il s'agit d'établir, sur les bases qu'il indique dans les *Instructions à donner aux députés des États généraux*, il exprime aussi le vœu, dans ses *Idées sur le despotisme*, que les droits naturels de l'homme, sur lesquels s'appuient à leur tour ceux de la nation, soient exposés dans une déclaration solennelle, analogue à celle de l'État de Virginie du 1ᵉʳ juin 1776, et des autres États d'Amérique qui ont suivi le même exemple, mais plus étendue et plus rationnelle — et que cette déclaration soit la première œuvre de l'Assemblée. Pour faciliter l'accomplissement de ce vœu, il soumet lui-même au public un projet de déclaration qui, sans doute, servit à préparer celle qu'adopta plus tard l'Assemblée nationale, et qui en contient déjà les articles fondamentaux. Dans ce projet il ramène les droits naturels :

1° à la sûreté de la personne,

2° à la liberté des biens,

3° à l'égalité naturelle,

et il montre, avec beaucoup de justesse et de précision, à l'égard de chacun d'eux, quelles mesures ou quelles lois en général il faut éviter ou établir pour les préserver de toute atteinte.

L'idée de Condorcet d'une déclaration des droits naturels de l'homme, d'un évangile social qu'il s'agissait de fonder : une telle déclaration n'était pas moins nécessaire, elle était peut-être plus nécessaire encore dans l'ancien monde que dans le nouveau, après un si long étouffement de ces droits naturels sous le despotisme religieux et politique. Et si Condorcet s'en exagère beaucoup l'efficacité, en croyant qu'une pareille déclaration est le seul moyen de prévenir la tyrannie.[1] nous ne devons pas moins en savoir gré à notre philosophe d'avoir devancé sur ce point et préparé l'œuvre de la Constituante et de l'avoir aidé d'avance a remettre en lumière les titres effacés, mais imprescriptibles, de l'homme.

Conséquent avec les principes dont il demandait ainsi une solennelle déclaration, Condorcet, que nous avons déjà vu défendre la cause des nègres, s'adressait au corps électoral, le 3 février 1789, pour réclamer de la nation qui allait s'assembler dans la personne de ses représentants, l'abolition de l'esclavage des noirs. « Comment, disait-il, dans un manifeste au corps électoral par la Société des amis des noirs, comment la nation française pourrait-elle réclamer contre des abus que le temps a consacrés, que des formes légales ont sanctionnés, et leur opposer les droits naturels et imprescriptibles de l'homme et l'autorité de la raison, si elle approuvait, même par son silence, un abus aussi évidemment contraire à la raison et au droit naturel que la servitude des nègres ? ».

Plus tard, au sujet de l'admission des députés des planteurs de St-Domingue dans l'Assemblée nationale, Condorcet, appuyant du dehors la réclamation que Mirabeau faisait entendre au sein même de l'assemblée, demanda s'il est juste d'accorder séance et suffrage aux députés du corps des planteurs pour « défendre un intérêt d'argent, sans les donner aussi aux députés des noirs pour défendre les droits sacrés du genre humain violés dans la personne de ces malheureuses victimes d'une avidité mal entendue. »

Condorcet, bien que ne faisant pas partie de l'Assemblée nationale en suivait avec plus vif intérêt (nous l'avons vu par cet exemple) les travaux et les actes, et il cherchait à éclaircir ses délibérations en traitant quelques-unes des grandes questions qui s'y agitèrent, ou bien il appréciait ses décrets et la défendait contre ses ennemis. Ainsi nous le voyons examiner dans un écrit spécial cette question : s'il est utile de diviser une assemblée nationale en plusieurs chambres ? et se prononcer, comme il l'avait déjà fait pour l'Amérique, à la suite de Franklin, en faveur du système d'une chambre unique, en cherchant à prouver que la division en plusieurs corps n'offre, contre les inconvénients reprochés à une assemblée unique

---

1 Car il ne suffit pas d'exposer des droits avec clarté et solennité pour les faire respecter. — N'avons-nous pas vu, depuis, le césarisme invoquer à son tour les principes de 89 en tête de ses constitutions despotiques ? — J. B.

que des remèdes très inférieurs à ceux qu'on peut trouver dans la forme des délibérations de cette assemblée. « Il craignait qu'une seconde chambre ou ne compliquât inutilement les rouages législatifs, ou ne constituât un levain d'aristocratie très dangereux ».

C'est ainsi qu'il examine la question de faire ratifier la Constitution par les citoyens. Favorable en principe à ce qu'on appelle aujourd'hui en Suisse le *referendum*[1] mais reconnaissant les inconvénients que présentaient dans les circonstances présentes l'application de ce système, il se borna à demander : 1° que la déclaration des droits renfermerait la fixation de l'époque (18 ou 20 ans) où la Constitution pourra être réformée par un nouveau pouvoir constituant, qu'elle soit publiée avant la Constitution et que les citoyens seront appelés à dire si elle ne renferme pas de principes contraires aux véritables intérêts des hommes, et 2° que la Constitution leur soit aussi présentée pour qu'ils aient à déclarer si elle ne renferme rien de contraire à la déclaration des droits.

Manque la page 5 de cette leçon.

L'Assemblée nationale ayant rendu un décret qui faisait dépendre le droit de cité et les autres droits politiques de la quotité des contributions, Condorcet rédigea une adresse qui, le 25 avril 1790, fut présentée à cette Assemblée par la Commune de Paris, dont il faisait partie, pour demander la réforme de cette loi comme étant contraire au principe de l'égalité naturelle des citoyens et livrant le droit de suffrage à l'arbitraire des répartitions de l'impôts. Il était déjà loin alors du principe physiocratique, admis par Turgot, d'après lequel le droit de cité devait appartenir exclusivement aux propriétaires du sol et que lui-même admettait encore l'année précédente, avant la réunion des État-généraux, quand il disait (*Idées sur le despotisme*, p. 167) que, « le droit d'égalité n'est pas blessé si les propriétaires seuls jouissent du droit de cité, parce que eux seuls possèdent le territoire et que leur consentement seul donne le droit d'y habiter ».

---

1 « L'ordre social n'aura vraiment atteint le degré de perfection auquel on doit tendre sans cesse, qu'à l'époque où aucun article des lois ne sera obligatoire qu'après avoir été soumis immédiatement à l'examen de tout citoyen. » J. B.

On voit par cet exemple avec quelle rapidité le mouvement démocratique qui emportait les esprits, modifiait les idées.

Une des plus heureuses réformes entreprises par l'Assemblée nationale fut celle des poids et mesures. Condorcet coopéra, en qualité de membre et secrétaire de l'Académie des sciences, à cette importante réforme qui avait pour but d'établir l'uniformité des poids et mesures et de leur donner pour base une unité naturelle. Dans un discours, prononcé devant l'Assemblée, le 12 juin 1790, il la remercia d'avoir voulu associer l'Académie des sciences à ses travaux, en même temps qu'il la félicite de tout ce qu'elle a déjà fait pour le bien de la patrie et les progrès de l'espèce humaine. À la date du 11 novembre 1790, il adresse au président de l'Assemblée nationale une lettre, où il l'informait de ce que l'Académie a fait pour répondre au décret rendu le 8 mai au sujet de cetteréforme. Il y joignit une *Instruction adressée aux directoires des 83 départements du royaume*, destinée à faciliter l'exécution de ce décret. On était encore, en ce moment, dans les tâtonnements d'une réforme qui ne devait être opérée définitivement que plus tard, mais Condorcet a au moins l'honneur d'avoir mis la main à ces premiers efforts. Il était bien digne aussi de l'ancien ami et collaborateur de Turgot, d'éclairer l'Assemblée de ses lumières et de ses conseils dans les questions si difficiles et si délicates du rétablissement des finances, de la fixation de l'impôt, de la constitution du pouvoir chargé d'administrer le trésor national. Nous avons, dès lors, sur ces sujets, divers mémoires qui datent de l'année 1790. Dans plusieurs de ces mémoires il signalait les dangers attachés à la création des assignats et, au témoignage d'Arago, indiquait des moyens à peu près infaillibles de parer à tous les inconvénients de ce papier monnaie.

L'active et presqu'encyclopédique intelligence de Condorcet embrassait dans ses méditations les questions les plus diverses ; malheureusement il n'y portait pas toujours un esprit suffisamment mesuré et pratique ; il se laissait parfois aller à l'enivrement des théories artificielles et d'une logique abstraite qui lui faisait perdre de vue le monde réel. C'est ainsi, par exemple, que dans une dissertation sur le choix des ministres (1790) il demandait que le roi fut tenu de prendre ses ministres dans une liste d'éligibles dont la formation eut figuré parmi les principales prérogatives de l'Assemblée représentative. « Une pareille méthode, dit Arago à ce sujet, empêcherait-elle de mauvais choix ? En vérité, je ne l'oserais pas l'affirmer. Je suis plus certain, ajoute-t-il spirituellement, que la liste des candidats serait très difficile à faire et qu'elle donnerait lieu à de laborieux scrutins ». Mais ne faut-il pas que ceux qu'on est convenu d'appeler des rêveurs justifient toujours par quelque endroit, ne fut-ce que pour rendre l'injustice moins criante, l'épithète qu'on leur décerne si volontiers ? — Est-ce au pays des rêves qu'il faut renvoyer une autre dissertation de 1790 sur l'admission des femmes au droit de vote ? Je n'oserai le dire. Ce qu'il y a de sûr aussi c'est que Condorcet a été ici le précurseur d'un mouvement très réel qui se fait dans ce moment en Amérique, en Angleterre, en France, à Genève, et qu'on ne refoulera pas uniquement par des quolibets. Ce qu'il y a de sûr aussi c'est que nous avons dans nos codes de très grandes injustices à réparer envers les femmes, et, plus nous hésiterons dans l'intérêt de leur bonheur comme dans celui du nôtre, à leur accorder les droits politiques, plus nous devons nous empresser de réparer ces injustices. Comment leur persuader autrement qu'elles n'ont pas raison de réclamer leur part dans la confection des lois que nous leur imposons, et dans le gouvernement d'une société qui les traite en mineures ? Mais je ne veux pas substituer ma pensée à celle de Condorcet.[1] Il faut du moins que je fasse comprendre celle-ci, telle qu'il l'expose dans la dissertation que nous avons rencontrée sur notre passage. Suivant lui, pour que l'exclusion qui enlève aux femmes le droit de cité ne fût pas un acte de tyrannie, il faudrait ou prouver que les droits naturels des femmes ne sont pas absolument les mêmes que ceux de l'homme, ou montrer qu'elles ne sont pas capables de les exercer. Or, dit-il, les droits des hommes résultent uniquement de ce qu'ils sont des êtres sensibles, susceptibles d'acquérir des idées morales et de raisonner ces idées. Ainsi les femmes, ayant les mêmes qualités, ont nécessairement des droits égaux.

Quant à prouver que les femmes sont incapables d'exercer des droits politiques, c'est ce qui n'est pas pas moins difficile à dire. Les raisons que l'on tire de leur constitution physique ne sont pas suffisantes. A-t-on jamais imaginé de priver de leurs droits des gens qui ont la goutte tous les hivers ou qui s'enrhument aisément ? Celles

---

1 Barni a longuement exposé son point de vue sur le vote des femmes dans sa *Morale dans la démocratie*, p. 126-138. O. K.

Jules Barni

qui se tirent d'une prétendue infériorité intellectuelle ne valent pas mieux. Il s'agirait d'abord de savoir si cette infériorité n'est pas la suite nécessaire de la différence d'éducation. Dire qu'une femme n'a jamais montré de génie ni dans les sciences, ni dans les arts, ni dans les lettres ne prouverait rien ici, puisqu'on ne prétend pas sans doute n'accorder le droit de cité qu'aux seuls hommes de génie. Ajouter qu'aucune femme n'a la même étendue de connaissances, la même force de raison que certains hommes ne prouverait rien non plus, puisque, s'il y a certains hommes supérieurs aux femmes, il y a aussi bien des femmes supérieures à certains hommes, et qu'il n'est pas juste de les exclure plutôt que ces derniers. On allègue qu'elles ne se laissent jamais conduire par ce qu'on appelle la raison ; Condorcet conteste la justesse de cette observation : elles ne sont pas conduites, il est vrai, par la raison des hommes, mais elles le sont par la leur. On dit encore qu'elles obéissent plutôt à leur sentiment qu'à leur conscience ; Condorcet trouve cette observation plus vraie, mais, suivant lui, elle ne prouve rien car ce n'est pas la nature, c'est l'éducation, c'est l'existence sociale qui cause cette différence : ni l'une ni l'autre n'ont habitué (?) les femmes à l'idée de ce qui est *juste*. La dépendance où elles sont de leur mari n'est pas non plus une preuve à invoquer, parce qu'il serait possible de détruire en même temps cette tyrannie de la loi civile, et que jamais une injustice ne peut être un motif d'en commettre une autre. On craint l'influence des femmes sur les hommes ! Condorcet répond que cette influence est d'autant plus redoutable qu'elle est plus occulte, et qu'elle le serait beaucoup moins dans une discussion publique que dans le secret. Enfin on craint que l'exercice des droits politiques n'écarte les femmes des soins que la nature semble leur avoir réservés. Cette objection ne paraît pas bien fondée à notre philosophe. « Quelque constitution qu'on établisse, dit-il, il est certain que, dans l'état actuel de la civilisation des nations européennes, il n'y aura jamais qu'un très petit nombre de citoyens qui puissent s'occuper des affaires publiques. On n'arracherait pas les femmes à leur ménage plus que l'on n'arrache les laboureurs à leurs charrues, les artisans à leurs ateliers… il ne faut pas croire que, parce que les femmes pourraient être membres des assemblées nationales, elles abandonneraient sur le champ leurs enfants, leur ménage, leur aiguille. Elles n'en seraient que plus propres à élever leurs enfants,

DEUXIÈME LEÇON

à former des hommes... La galanterie perdrait à ce changement, mais les mœurs domestiques gagneraient par cette égalité comme par toute autre... car l'inégalité introduit nécessairement la corruption et en est la source la plus commune, si même elle n'en est pas la seule. »

Telles sont les raisons sur lesquelles s'appuie Condorcet pour réclamer l'admission des femmes au droit de cité. Ce plaidoyer a passé à peu près inaperçu au milieu de la Révolution. Mais quiconque veut aujourd'hui sonder sérieusement — soit dans un sens, soit dans l'autre — la question qu'il soulève, n'en peut faire fi et puisque cette question est maintenant à l'ordre du jour il m'a paru bon d'apporter cette pièce au procès.

En 1791, Condorcet, après avoir quitté la municipalité de Paris, devint un des six commissaires de la trésorerie nationale. « Les mémoires qu'il publia à cette époque, dit Arago, occuperaient une grande place dans l'éloge d'un auteur moins fécond et moins célèbre » ; mais j'ajouterai comme lui « pressé par le temps et par les matières, je ne puis pas même en faire connaître les titres. »

Pendant que Condorcet s'occupait de ces divers travaux, les événements se précipitaient. La fuite du roi, voulant se réfugier à l'étranger à la suite de l'émigration, mais arrêté à Varennes et ramené de vive force à Paris, avait achevé d'ébranler la monarchie. Louis XVI avait beau *jurer* l'observation de la Constitution votée par l'Assemblée nationale, le charme était définitivement rompu, la confiance s'était évanouie sans retour, et le fantôme de royauté qui continua de subsister ne pouvait manquer de disparaître pour faire place à la république. Condorcet n'attendit pas l'avènement de la république pour se prononcer en faveur de ce gouvernement, désormais le seul possible, comme le seul logique, et qu'il eût même fallu proclamer tout de suite en prononçant la déchéance du monarque fugitif, plutôt que de ramener à Paris un roi humilié et qui ne pouvait plus être qu'un embarras.[1] Dès le 2 juillet 1791, avant même que l'Assemblée constituante se fût séparée, Condorcet prononçait à l'*Assemblée fédérale des amis de la vérité* un discours sur cette question : *Un roi est-il nécessaire à la conservation de la liberté ?* et, en répondant aux arguments invoqués par les partisans

1 Telle est aussi l'opinion de Quinet sur le retour de Varennes. Cf. sa *Révolution*, livre VIII, chap. 4. — O. K.

de la monarchie, il manifestait hautement ses sympathies en faveur de la république. Je dois ajouter que, dans le même temps, il était question de lui confier la place de gouverneur du dauphin, et qu'il s'enlevait à lui-même, par ce discours, toute chance d'être élu. « En ce moment, avait-il, en effet, dit dans son discours, il s'agit bien moins de former un roi que de lui apprendre a savoir, à vouloir ne plus l'être. »

Quelques jours après, 23 juillet 1791, il traitait la même question dans un écrit sur l'*Institution d'un Conseil électif.* Aussi lorsqu'il fut, plus tard, élu à la Convention nationale et chargé par celle-ci d'organiser la république, put-il faire réimprimer sans aucun changement ce qu'il avait publié avant la fin de la Constituante. Mais de telles opinions avaient excité contre lui les haines les plus violentes il se vante d'avoir mérité ces haines ; mais, ce qui devait lui être plus douloureux, elles l'avaient séparé de quelques-uns de ses meilleurs et plus anciens amis, en particulier du duc de la Rochefoucauld.

Manque la page 10 de cette leçon, qui parlait sûrement de l'élection de Condorcet à l'Assemblée législative.90

Le 19 juin 1792. jour anniversaire d'une séance mémorable où l'Assemblée constituante avait aboli les titres de noblesse, les armoiries et les livrées, sur la proposition même de personnages tels qu'Alexis de Noailles, de Saint-Fargeau, Mathieu de Montmorency, pendant que l'Assemblée législative, pour cet anniversaire, faisait brûler sur la place des Victoires, aux pieds de la statue de Louis XIV, une immense quantité de diplômes de ducs, de marquis, de vidames, etc., Condorcet, montant à la tribune, proposa de décréter que tous les départements seraient autorisés à brûler les titres qui se trouveraient dans les divers dépôts ; et la Législative rendait un décret en ce sens, mais en enjoignant aux directeurs de chaque département de faire retirer par des (*mot illisible*) les titres de propriété qui pourraient se trouver confondus avec les papiers inutiles dans quelques-uns de ces dépôts.

En proposant ce décret, Condorcet voulait fermer tout retour au passé seulement, comme le remarque judicieusement M. Eugène Despois dans un excellent livre récemment publié sous ce titre, qui est une antiphrase : *Le vandalisme révolutionnaire,* « ces auto-da-fé tumultueux de titres nobiliaires, qui eurent lieu en effet publiquement sur plusieurs points de la France, avaient un double inconvénient : il n'est pas bon d'éveiller dans le cœur humain ce besoin de destruction qui y sommeille et qui, pour peu qu'on l'excite, dégénère bientôt en une ivresse aveugle et il est également mauvais de laisser croire aux hommes qu'en détruisant le signe matériel des choses, ils ont détruit la chose elle-même[1] ». Mais, s'il est permis de blamer le mode d'anéantissement proposé par Condorcet et adopté, à *l'unanimité*, par l'. Assemblée législative, il est ridicule de présenter ici, comme on l'a fait, Condorcet comme un nouvel Omar faisant brûler les immenses travaux des congrégations savantes, qui d'ailleurs ne furent point brûlés.

Manque la fin de cette leçon.

TROISIÈME LEÇON

La durée de l'Assemblée législative fut courte (1 oct. 91 — 21 sept. 92) Son œuvre : faire vivre dans les circonstances données la constitution monarchique, léguée par l'assemblée précédente, était impossible. Elle ne s'était, en quelque sorte, réunie que pour assister, impuissante et complice, à l'agonie de la royauté. Ce fut sous cette assemblée qu'eut lieu (20 juin) un premier envahissement des Tuileries par le peuple des faubourgs, où le roi fut forcé de se coiffer du bonnet rouge, et bientôt (10 août) un nouvel envahissement qui le contraignit de venir demander un asile à l'assemblée, d'où il ne sortit que pour être enfermé au Temple. Ce fut aussi aux derniers jours de cette assemblée qu'eurent lieu les massacres de septembre (2-5 sept.). Je n'ai point à raconter ici ces événements connus de tous. Je dois seulement parler du rôle ou de l'attitude de Condorcet dans ce même temps.

La Révolution du 10 août, qui avait pour but de substituer la république à la monarchie, ou plutôt à son fantôme, ne pouvait manquer d'exciter les sympathies de Condorcet il s'était prononcé, avant même la fin de la Constituante, en faveur de la république, et la nouvelle expérience que la Législative venait de faire de la monarchie n'était pas de nature à la ramener. Qu'il y ait applaudi, qu'il

---

1 o.c., 2ᵐᵉ édit., Paris 1885, p. 237. — O. K.

Jules Barni

y ait même poussé, il n'y a rien dit qui doive étonner de sa part ou qu'on puisse lui reprocher. Aussi était-il bien placé pour proposer, le 13 août, l'adresse aux Français contenant l'*Exposition des motifs d'après lesquels l'Assemblée nationale a proclamé la convocation d'une Convention nationale et prononcé la suspension du pouvoir exécutif dans les mains du roi*, en attendant la proclamation de la République qui doit être l'œuvre de la Convention convoquée.

Quant aux massacres de septembre, M. Sainte-Beuve, dans une *Causerie du Lundi* (3 février 1851), d'ailleurs pleine de fiel et fort injuste pour Condorcet, cite une phrase d'un article de la *Chronique de Paris*, du 4 septembre 1791, signé du nom de Condorcet, qui, si cet article est réellement de lui, dénote de sa part une coupable faiblesse en face de ces scènes de boucherie. L'auteur de cet article les *explique* au lieu de les flétrir, et il tire le rideau, au lieu de l'ouvrir très grand pour en dévoiler l'horreur dans le temps même où elles s'exécutaient. Cette attitude, toute passive, fut en général — il faut le dire — celle des Girondins et de l'Assemblée législative. Mais est-ce que Condorcet, l'homme de bien et *bon* que nous connaissons, pouvait approuver de tels massacres ? L'esprit de parti aurait donc bien perverti la conscience de ce sage qui, au début de la Révolution, avait flétri les meurtres de Foulon et de Berthier et reproché à Barnave sa fameuse phrase : « le sang qui vient de couler était-il donc si pur ? ». Arago cite dans sa *Notice* un jugement de Condorcet sur ces massacres, écrit dans sa retraite en 1793, qui, tout en cherchant à expliquer plus ou moins heureusement l'attitude trop passive dont je viens de parler les flétrit au moins comme il convient. « Les massacres du 2 septembre, dit-il, une des souillures de notre Révolution, ont été l'ouvrage de la folie, de la férocité de quelques hommes et non celui du peuple, qui, ne se croyant pas la force de les empêcher, en détourna les yeux. Le petit nombre de factieux auxquels ces déplorables événements doivent être imputés, eut l'art de paralyser la puissance publique, de tromper les citoyens et l'Assemblée nationale. On leur résista faiblement et sans direction, parce que le véritable état des choses ne fut pas connu. » On pourrait demander s'il était si difficile de le connaître et si impossible d'y résister mais au moins la flétrissure ne manque-t-elle pas, et la conscience est-elle soulagée en lisant ce verdict. Elle est soulagée aussi en voyant, comme dit Arago,

« le peuple, le véritable peuple de Paris, dégager toute solidarité dans la plus odieuse boucherie par un homme dont les lumières, le patriotisme et la haute position sont une triple garantie de véracité. »

Mme de Staël et, en la citant. M. Sainte-Beuve ont reproché a Condorcet d'avoir offert au plus haut degré le caractère de l'*esprit de parti*. Que Condorcet se soit parfois laissé entraîner par cet esprit particulièrement — à l'égard de Mme de Staël et de Necker — on ne peut le nier : quel sujet vivant dans des temps comme ceux-là et prenant part lui-même à de pareils événements, peut résister à cet esprit ? Mais il est vrai de dire aussi qu'il ne voulut être précisément l'homme d'aucun parti, si non de ce qu'il regardait comme le drapeau de la raison et du progrès. Il se montra l'adversaire courageux et fut la victime des Jacobins, mais on ne peut dire qu'il fut Girondin bien qu'il ait souvent marché d'accord avec la Gironde, il combattit énergiquement leur idée d'opposer les provinces à la capitale, cette idée qui leur a attiré cette accusation, d'ailleurs très fausse, de fédéralisme, sous laquelle ils ont succombé. Il était, en tout temps, exempt de cet esprit de personnalité, de cet esprit qui a été une des plaies de la Révolution, l'une des principales causes de ses malheurs. « Occupez-vous un peu moins de vous-mêmes, disait-il souvent aux chefs de parti, et un peu plus de la chose publique. »

Condorcet avait représenté Paris à l'Assemblée législative. Il ne fut pas reporté à la Convention par le même corps électoral, alors complètement jacobin, mais il y fut nommé par cinq départements, entre autres par celui de l'Aisne, auquel il appartenait par sa naissance et pour lequel il opta.

Élu d'abord secrétaire, puis vice-président de la Convention, comme il l'avait été à la Législative, il fut appelé à faire partie du Comité chargé de donner une Constitution à la République, dont la proclamation avait été le premier acte de la Convention. Il était l'un des esprits les plus éminents de ce comité et il en fut le rapporteur. Mais avant de parler du projet de Constitution qu'il présenta en son nom, je dois placer ici, suivant l'ordre des dates, le récit du rôle de Condorcet dans le procès de Louis XVI.

La Législative avait fait le roi prisonnier, et l'un des premiers actes de la Convention fut de discuter la question de savoir si elle s'attribuerait le droit de le juger. Condorcet prit part à cette discussion pour contester à la Convention le droit de juger le ci-devant roi. « La Convention, disait-il, serait donc à la fois législative, accusatrice et juge, et, par cette accumulation de pouvoirs ou de fonctions, les premiers principes de la jurisprudence seraient violés. » Condorcet, d'ailleurs, ne niait pas que Louis XVI ne fût *jugeable* : il n'admettait pas que l'*inviolabilité* de la personne du roi, inscrite dans la Constitution acceptée par Louis XV dût lui assurer une *impunité absolue* pour tous les cas, et il concluait à sa mise en jugement pour les crimes de trahison qui lui étaient imputés. Mais, refusant à la Convention le droit de le juger, il demandait que Louis XVI fut jugé par un tribunal dont les jurés et les juges fussent nommés par les corps électoraux des départements. « Ce tribunal, ajoutait-il, doit se rapprocher autant que possible des tribunaux ordinaires et n'en différer que par une plus grande solennité, exigée par la nature même de l'accusation, et par des dispositions plus favorables à l'accusé, parce que la justice veut qu'en lui enlevant le droit d'être jugé par le tribunal commun, sa situation ne puisse en être aggravée. » Condorcet demandait en outre que, dans le cas de la condamnation, on se réservât le droit d'atténuer la peine. « Pardonner au roi, disait-il, peut devenir un acte de prudence ; en conserver la possibilité sera un acte de sagesse. » Il se prononçait, en tout cas, contre la peine de mort. « Je crois la peine de mort injuste, disait-il dans ce même discours… la suppression de la peine de mort sera un des moyens des plus efficaces de perfectionner l'espèce humaine, en détruisant le penchant à la férocité qui l'a longtemps déshonorée… Des peines qui permettent la correction et le repentir sont les seules qui puissent convenir à l'espèce humaine régénérée. »

Vous voyez que si Louis XVI fut jugé par la Convention, condamné à mort et exécuté, ce ne fut pas la faute de Condorcet. Il ne se récusa pas pourtant quand la Convention eut décrété qu'elle jugerait Louis XVI, mais ce fut pour voter contre la peine de mort et demander l'appel au peuple.

M. Sainte-Beuve, dans la Causerie que j'ai déjà citée, qualifie d'*hypocrisie et de sophisme* ce vote de Condorcet : Je vote pour la peine la plus grave dans le Code pénal et qui ne soit pas la mort. Il y avait pourtant un certain courage à voter dans la Convention contre la mort, et ce courage tout le monde ne l'eut pas. Ainsi Vergniaud, après avoir prononcé un magnifique discours en faveur de l'appel au peuple, vota pour la peine de mort. Il ne faut pas oublier d'ailleurs que, pour Condorcet, Louis XVI était coupable, et qu'il l'était en effet, non seulement de faiblesse (ce n'eût été là qu'un défaut de caractère) mais de duplicité et de trahison.

Revenons maintenant au projet de Constitution rédigé et présenté à la Convention par Condorcet, le 15 et 16 février 1793, environ deux mois après l'exécution de Louis XVI. Je n'en donnerai pas l'analyse, non plus que du rapport qui l'accompagnait, parce que ce projet fut bientôt abandonné par la Convention et qu'il offre aujourd'hui peu d'intérêt. Il cherchait à concilier, dans une heureuse transaction, les avantages du gouvernement représentatif avec la souveraineté du peuple, en établissant un système de sanction populaire très savamment combiné, mais en revanche très peu pratique et il est douteux que, si cette constitution eût pu être mise à l'épreuve, l'expérience lui eût été favorable : elle était plus géométrique que politique. « Mais quels que fussent les défauts de cette constitution dite girondine, il serait injuste de ne pas reconnaitre — j'emprunte cette remarque à un écrivain qui en fait une critique très sévère, M. Duvergier de Hauranne[1] — que, soit dans la déclaration des droits, soit dans la section intitulée *Des moyens de garantir la liberté civile*, elle contenait des choses excellentes et qui font le plus grand honneur à ses auteurs. C'étaient, en général, et avec une autre étiquette, en d'autres termes, les principes déjà consacrés par l'Assemblée constituante. Ainsi la liberté individuelle, la liberté religieuse, la liberté de la presse, l'inviolabilité de la propriété, l'admissibilité de tous les citoyens à tous les emplois, l'égalité devant la loi, étaient non seulement proclamées, mais garanties par des dispositions efficaces. » Le nouveau projet de constitution y joignait la suppression de la peine de mort, mais en y ajoutant cette malheureuse restriction : *excepté en matière politique*. Les hommes qui avaient participé à l'élaboration de ce projet, et Condorcet avec eux, devaient bientôt éprouver quelle arme funeste cette restriction mettait aux mains des partis.

Après les événements du 31 mai et du 2 juin qui eurent pour

---

1 Duvergier de Hauranne. *Histoire du gouvernement parlementaire*, t. I, p. 266. P. 1857.

Jules Barni

conséquence la défaite du parti girondin et le triomphe du parti jacobin, ce parti, désormais tout puissant dans la Convention, refusa de reprendre le plan de Condorcet. Cinq commissaires désignés par le Comité de salut public, en tête desquels était Hérault des Séchelles, firent un plan nouveau. Le Comité l'amenda et l'accepta en une seule séance. La Convention ne se montra guère moins expéditive. La Constitution, présentée le 10 juin 1793, fut décrétée le 24 du même mois.

Aux termes du décret, elle devait être sanctionnée ou rejetée par les Assemblées primaires dans le court délai de trois jours à partir de celui de la notification.

Ici se place un acte de Condorcet, dont on n'appréciera la hardiesse qu'en reportant ses pensées sur la terrible période des annales de la Révolution qui suivait le 31 mai. Condorcet comprenait si bien alors la portée de cet acte que, dans le même moment, il faisait chercher une retraite par ses amis et se procurait le poison dont il se servit plus tard.

Dans une lettre rendue publique, *Adresse aux citoyens français sur la nouvelle Constitution* Condorcet propose au peuple de ne pas sanctionner ce projet. « L'intégrité de la représentation nationale, disait-il, venait d'être détruite par l'arrestation de 27 membres girondins. La discussion n'avait pu s'établir librement. Une censure inquisitoriale, le pillage des imprimeries, la violation du secret des lettres, devaient être considérés comme ayant présenté des obstacles insurmontables à la manifestation du sentiment populaire. » Et il relevait très vivement quelques-uns des défauts de la nouvelle Constitution : la composition du pouvoir exécutif, partagé entre 24 personnes, « c'est vouloir jeter toutes les affaires en une incurable stagnation » ; le manque de garanties pour la liberté civile, « une Constitution qui ne donne pas des garanties à la liberté civile est radicalement défectueuse » enfin, « le plus grand défaut, disait-il, c'est qu'on a rendu les moyens de réforme illusoires ».

L'ex-capucin Chabot dénonça à la Convention la lettre de Condorcet dans la séance du 8 juillet 1793. Il trouvait infâme l'action de critiquer une constitution qu'il appelait une *œuvre sublime*, une action que des *scélérats* pouvaient seuls se permettre. Et il proposa de mettre Condorcet en état d'arrestation. L'Assemblée décréa, sans autre information, que le député de l'Aisne serait arrêté et les scellés apposés sur ses papiers. Plus tard, le 3 octobre 1793, pendant qu'il était caché, comme je vais le montrer, au milieu même de Paris, son nom se trouve mêlé, avec ceux de Brissot, de Vergniaud, de Gensonné, de Valazé,[1] dans la liste des conventionnels traduits devant le tribunal révolutionnaire comme coupables de conspiration contre l'*unité* de la république et condamnés à mort. Contumax, Condorcet fut mis hors la loi et inscrit sur la liste des émigrés. On confisqua ses biens.

On raconte que Malesherbes, accusé devant le tribunal révolutionnaire, d'avoir conspiré pour établir en France une république fédérative, s'écria « Si au moins cela avait le sens commun ! » Condorcet aurait pu en dire autant. Il était contre le sens commun de condamner pour cause de conspiration contre l'*unité* de la république un homme qui s'était toujours montré un des plus fermes partisans de cette *unité*.

Manquent les pages 6 et 7 de cette leçon.

Condorcet avait trouvé un asile dans une maison de la rue Servandoni, voisine du jardin du Luxembourg, maison appartenant à une dame Vernet (parente des peintres de ce nom), femme d'un cœur admirable. — « Madame, lui dirent deux amis de Condorcet, MM. Boyer et Pinel, nous voudrions sauver un proscrit ! — Est-il honnête homme, demanda-t-elle ? — Oui, Madame. — En ce cas qu'il vienne — Nous allons vous confier son nom. — Vous me l'apprendrez plus tard, ne perdez pas une minute pendant que nous discourons votre ami peut être arrêté. Caché dans cette maison (au commencement de juillet) et entouré des soins les plus prévenants par Mme Vernet, Condorcet se livra au travail comme s'il eut encore été dans son ancien appartement du palais de lu Monnaie. Son premier écrit fut ce mémoire justificatif dont j'ai déjà eu occasion de parler. « Comme j'ignore, disait-il au commencement de cet écrit, si je survivrai à la crise actuelle, je crois devoir à ma femme, à ma fille, à mes amis, qui pourraient être victimes des calomnies répandues contre ma mémoire, un exposé simple de mes principes

---

1 Soit Charles-Éléonor Dufriche de Valazé, député de l'Orne. — O. K.

et de ma conduite pendant la Révolution. »

Il n'acheva point cet écrit. Le manuscrit porte, à la fin, cette note écrite de la main de Mme de Condorcet : « Quitté à ma prière pour écrire l'Esquisse des progrès de l'esprit humain. »

Mme Condorcet, en lui donnant ce conseil, avait voulu détourner l'esprit de son mari des convulsions horribles dont il s'entretenait inutilement, pour le reporter sur quelque grande composition qui l'occupât tout entier, et c'est d'elle qu'est venue cette grande idée (Vauvenargues n'a-t-il pas eu raison de dire que les grandes idées viennent du cœur ?) d'écrire, au milieu même des plus horribles convulsions et quand, à chaque instant, l'auteur pouvait être envoyé à l'échafaud, ce *Tableau historique des progrès de l'esprit humain*, qui est comme un sublime défi aux orages du temps et un magnifique témoignage de la foi du philosophe dans les progrès de l'humanité. N'est-il pas admirable de voir Condorcet écrire dans un pareil moment : « Tout nous dit que nous touchons à l'époque d'une des grandes révolutions de l'espèce humaine… L'état actuel des lumières nous garantit qu'elle sera heureuse. » Que l'on vienne maintenant railler certaines exagérations de cette théorie de la perfectibilité de l'espèce humaine qui, la regardant comme indéfinie, va jusqu'à l'appliquer, cette perfectibilité indéfinie, à la durée même de la vie de l'homme sur la terre — ces exagérations qui ne détruisent pas, d'ailleurs, les mérites solides du livre, ne doivent point faire oublier la sublimité de l'idée qui inspire l'auteur.

Condorcet avait terminé au commencement de mars 1794 la partie de cet ouvrage qu'il avait pu composer par un prodigieux effort d'esprit et de mémoire, sans se servir d'aucun livre. Sa pensée se reporta dès lors sur le danger auquel s'exposait Mme Vernet. Il résolut donc, suivant ses propres expressions, de quitter le réduit que le dévoûment sans bornes de son ange tutélaire avait transformé en paradis… Mais je ne puis mieux faire que de lire le récit d'Arago qui nous raconte d'une manière si exacte ; à la fois, et si dramatique, la fuite et la mort de Condorcet.

p. CXLVIII : *Condorcet s'abusait si peu…*

jusqu'à : *dans une bague.*

« Par cette mort, dit Michelet, après avoir résumé le précédent récit, Condorcet épargna à la République la honte du parricide, le crime de frapper le dernier des philosophes, sans qui elle n'eut pas existé. »

Mais si Condorcet prévenait par sa mort la hache de la Terreur, il n'en mourait pas moins sa victime. Ce fut, en effet, le malheur, en même temps que le crime des terroristes d'avoir frappé non seulement les ennemis, mais les amis les plus ardents de la Révolution et de la République. Je comprendrais, sans le justifier, le système de la Terreur, s'il n'avait frappé que des ennemis ; mais quand il s'abattait sur des hommes tels que Condorcet et tant d'autres, promoteurs et défenseurs de la Révolution, je le déplore à la fois comme une révoltante iniquité et comme un dommage irréparable, qui ne profitera qu'au despotisme en écartant devant lui les plus fermes obstacles. »

ISBN : 978-1523422609

Jules Barni

www.ingramcontent.com/pod-product-compliance
Lightning Source LLC
Chambersburg PA
CBHW072028280526
45788CB00007B/2720